Für Ruth, Samuel, Simon und Micha

FRIEDRICH HAUBNER

Die Zeit hat Flügel

GUTE WÜNSCHE ZUM GEBURTSTAG

johannis

*Unser Leben fährt schnell dahin,
als flögen wir davon.*

Die Bibel: Psalm 90, Vers 10

Vorwort

„Wie schnell ist dieses Jahr wieder vorbeigegangen!" Wir waren so mit unseren alltäglichen Aufgaben beschäftigt, dass wir die Zeit darüber ganz vergessen haben. Manchmal wünschen wir, wir könnten die Zeit, so wie die Zeiger einer Uhr, einfach anhalten. Doch die Zeit lässt sich nicht festhalten, unbeirrbar läuft sie weiter!

So wenig wir die Zeit anhalten können, so wenig können wir unserer Vergänglichkeit entfliehen. Wir sind angekettet an den Lauf der Zeit. Jeder Abend, den wir erleben, zeigt uns, dass wir wieder einen Tag älter geworden sind. Der Tag unseres Geburtstags erinnert uns daran, dass die Jahre unseres Lebens gezählt sind.

Die Bibel spricht sehr offen von der Vergänglichkeit unseres Lebens. Sie vergleicht in Psalm 90 die Zeit unseres Lebens mit vorüberfliegenden Vögeln: „ ... als flögen wir davon." (Psalm 90, Vers 10) Eben zogen die Zugvögel an uns vorüber, da verschwinden sie schon als winzige Punkte in der Ferne des Horizonts.

Dieses Bild von den vorüberfliegenden Vögeln haben wir in unsere Umgangssprache übernommen, wenn wir sagen: Die Zeit vergeht wie im Flug. Die Zeit scheint Flügel zu haben.

Herzlich
Friedrich Haubner

Zeit ist eine Einbahnstraße

Die Zeit ist eine Einbahnstraße, die immer nur in eine Richtung führt. Jede Stunde, jeder Tag, jedes Jahr unseres Lebens ist einmalig. Es gibt auf der Straße unseres Lebens keine „Stoppschilder". Die Zeit läuft; wir können keine „Auszeit" nehmen. Wie oft möchten wir besondere Erfahrungen und Begegnungen einfach festhalten, um sie länger zu genießen. Auch die kleinsten Augenblicke des Lebens lassen sich nicht halten. Kaum erleben wir sie, sind sie schon Vergangenheit.

Manche unvergesslichen Momente würden wir gerne zurückholen, um sie noch einmal zu erleben. Es gibt auf der Einbahnstraße des Lebens kein Zurück. Vorbei ist vorbei! Darum schauen wir am Geburtstag und anderen „Meilensteinen" unseres Lebens gerne zurück. Wir ruhen uns aus bei der Erinnerung an vergangene Tage. Aber unsere Erinnerungen verblassen mehr und mehr und irgendwann sind sie ganz vergessen. So bleibt uns nur das Heute, der Augenblick der Gegenwart.

„Keine Zeit"

„Hast du einen Augenblick Zeit für mich?" – „Aber selbstverständlich!" Ich hatte diesen Satz kaum ausgesprochen, da tat er mir auch schon leid. Denn eigentlich hatte ich keine Zeit. In 25 Minuten wollte ich mich mit einem Kollegen treffen. 10 Minuten benötige ich für die Fahrt, blieben also noch 15 Minuten für meinen Besucher. Ich würde ihm sagen müssen: „Tut mir leid, nun habe ich keine Zeit mehr, ich muss leider weg!" Die Zeit besiegt uns immer wieder, wir laufen, hasten, jagen ... „Ich habe keine Zeit" – dieser Satz gehört zu den meistgesagten Sätzen in unserem Leben. Der volle Terminkalender bestätigt es – oder müssen wir nur lernen, verantwortungsvoller und bewusster mit unserer Zeit umzugehen?

Zeit ist ein Geschenk

Das kleine Wort Datum, das uns täglich begegnet, erinnert uns daran, dass die Zeit ein Geschenk ist. „Datum" heißt aus dem Lateinischen übersetzt: geschenkt.

Manchmal müssen wir erst etwas verlieren, um den eigentlichen Wert zu erkennen. Ein Landwirt hatte gerade seinen fünfzigsten Geburtstag gefeiert, als ihn ein schwerer Herzinfarkt traf. Mehrere Tage musste er auf der Intensivstation des Krankenhauses verbringen. Jetzt musste der Betrieb ohne ihn weiterlaufen. Erstaunlich seine Worte bei meinem Besuch: „Jetzt ist jeder Tag für mich ein Geschenk!" Muss man erst krank werden oder an der Grenze des Lebens stehen, um zu begreifen: Jeder Tag unseres Lebens ist ein Geschenk?

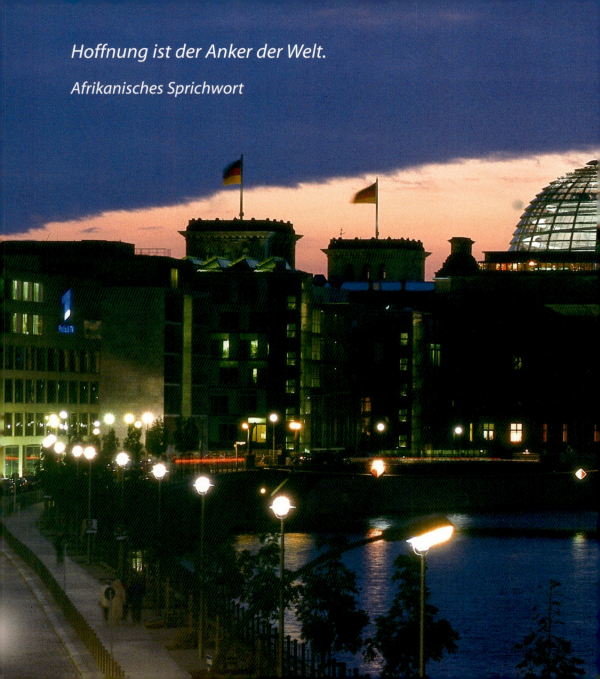

Psalm 90

Herr, du bist unsere Zuflucht für und für.
Ehe denn die Berge wurden und die Erde und die Welt
geschaffen wurden, bist du, Gott, von Ewigkeit zu Ewigkeit.
Der du die Menschen lässest sterben und sprichst:
Kommt wieder, Menschenkinder!
Denn tausend Jahre sind vor dir wie der Tag,
der gestern vergangen ist, und wie eine Nachtwache.
Du lässest sie dahinfahren wie einen Strom,
sie sind wie ein Schlaf, wie Gras, das am Morgen noch sprosst,
das am Morgen blüht und sprosst und des Abends welkt und verdorrt.
Das macht dein Zorn, dass wir so vergehen,
und dein Grimm, dass wir so plötzlich dahinmüssen.
Denn unsere Missetaten stellst du vor dich,
unsere unerkannte Sünde ins Licht vor deinem Angesicht.
Darum fahren alle unsre Tage dahin durch deinen Zorn,
wir bringen unsre Jahre zu wie ein Geschwätz.
Unser Leben währet siebzig Jahre, und wenn's hoch kommt,
so sind's achtzig Jahre, und was daran köstlich scheint,
ist doch nur vergebliche Mühe;
denn es fährt schnell dahin, als flögen wir davon.
Wer glaubt's aber, dass du so sehr zürnest,

ir davon ...

und wer fürchtet sich vor dir in deinem Grimm?
Lehre uns bedenken, dass wir sterben müssen,
auf dass wir klug werden.
Herr, kehre dich doch endlich wieder zu uns
und sei deinen Knechten gnädig!
Fülle uns frühe mit deiner Gnade, so wollen wir rühmen
und fröhlich sein unser Leben lang.
Erfreue uns nun wieder, nachdem du uns so lange plagest,
nachdem wir so lange Unglück leiden.
Zeige deinen Knechten deine Werke und deine Herrlichkeit ihren Kindern.
Und der Herr, unser Gott, sei uns freundlich
und fördere das Werk unsrer Hände bei uns.
Ja, das Werk unsrer Hände wollest du fördern!

Aller Reichtum der Welt, alle Weisheit und Anerkennung kann uns nicht glücklich machen, wenn wir unsere eigentliche Lebensbestimmung verloren haben.

Elke Kammer

Leben in der Wüste

Psalm 90 hat Mose für die Stämme Israel auf der Wanderung durch die Wüste geschrieben. Ohne feste Bleibe, sondern als Nomaden mit ihren Zelten, zogen sie vierzig Jahre durch die Wüste. Vierzig Jahre Hitze und Entbehrung, vierzig Jahre Leben aus dem Koffer. Das Tragische: Keiner von denen, die aus Ägypten ausgezogen waren, würde in das Gelobte Land einziehen. Gräber markierten ihren langen Weg durch die endlose Wüste. Die Spuren einer ganzen Generation verloren sich im Sand der Wüste.

Schwermut legte sich auf die Seele des Volkes. In diese Situation der Resignation spricht der Psalm: „Herr, du bist unsere Zuflucht für und für" (Psalm 90, Vers 1). Mose erinnert sein Volk daran: Auch als Wanderer durch die endlose Wüste finden wir unsere Heimat, Gott, bei dir!

Die große Verlegenheit

Von C. F. von Weizsäcker stammt der Satz: "Wahrscheinlich ist keine Generation dem Tod gegenüber so ratlos gewesen, wie die heutige!" Obwohl wir ständig mit dem „Ernstfall Tod" konfrontiert werden, versuchen wir dem Tod aus dem Wege zu gehen. Wir überspielen mit ungebrochener Lebensfreude den Gedanken an den eigenen Tod, als ob wir zu denen gehören, die der Tod übersehen wird. Darum wünschen wir uns am Geburtstag: Vor allen Dingen Gesundheit!
Voller Sarkasmus sagt der amerikanische Filmemacher Woddy Allen: „Ich habe keine Angst vor dem Sterben. Ich möchte nur nicht dabei sein." Der diesseitsorientierte Mensch verschließt die Augen vor dem Tod. Er vertraut der Lüge, dass wir nicht sterben müssen, weil wir nicht sterben wollen. Dabei bringt uns jeder Geburtstag der Ziellinie ein Jahr näher.

„Wer schneller lebt, ist eher fertig!"

Irgendjemand hat diese Worte in großen blauen Buchstaben an eine Autobahnbrücke gesprüht. Hat sich der Sprüher nur einen Scherz erlaubt, oder steht dahinter echtes Fragen? Ernst oder nur Witz? Manchmal versteckt sich hinter witzigen Aussagen mehr Ernst, als wir ahnen: Lohnt sich das Leben, wenn der Tod am Ende doch alles zerstört?

„Wer schneller lebt, ist eher fertig", dieser Satz offenbart die ganze Hoffnungslosigkeit und Resignation eines Menschen. Die Sackgasse irdischer Vergänglichkeit lässt ihm scheinbar keinen Ausweg mehr. Da ist nichts mehr, was das Leben lohnend macht, um es mit allen Sinnen bewusst zu erleben!

Bilder der Vergänglichkeit

Nichts auf Erden ist beständig. Von einem altgriechischen Philosophen stammt der Satz: „Alles ist im Fluss!" Weltmächte kommen und gehen. Idole vergangener Tage werden vom Sockel der Denkmäler gestoßen. Berühmte Namen verblassen und geraten in Vergessenheit. Straßennamen werden umbenannt.
Die Verse 5 und 6 des 90. Psalms beschreiben ungeschminkt die Realität des vergänglichen Menschen: „Du lässt sie dahinfahren wie einen Strom, sie sind wie ein Schlaf, wie Gras, das am Morgen blüht und am Abend verdorrt."
Wie dahinfließendes Wasser, wie ein paar Stunden Schlaf, wie verdorrtes Gras – Bilder, die unser stolzes Menschsein vom Thron stoßen. Wir müssen eingestehen, dass wir keine Zedern des Libanon sind, die tausend Jahre alt werden, sondern nur dürres Gras, haltlose Halme im Wind.
Am Geburtstag werden wir schmerzlich an die Vergänglichkeit unsres Lebens erinnert.

Der Realismus der Bibel

Mose, der Psalmdichter, weicht der Realität des Lebens nicht aus: „Unser Leben währet siebzig Jahre, und wenn's hoch kommt, so sind's achtzig Jahre, und was daran köstlich scheint, ist doch nur vergebliche Mühe." (Psalm 90, Vers 10)
Ich bin immer wieder Menschen begegnet, die über verlorene Jahre in ihrem Leben klagen. Männer, die in der Kriegsgefangenschaft in Russland wertvolle Jahre verloren haben. Es waren scheinbar verlorene Jahre, in denen sie Sinnvolles hätten tun können.
Mose sieht nicht nur in bestimmten Lebensabschnitten verlorene Zeit. Er weiß, unser ganzes Leben ist verlorene Mühe. Was bleibt am Ende von der Leistung und dem Erfolg unseres Lebens? Was bleibt von dem, was uns heute so wichtig ist? Es ist schwer zu ertragen: Auf unserer ganzen Existenz liegt der Raureif der Vergeblichkeit.

Was bleibt von dem,
was uns heute so wichtig ist?
Es ist schwer zu ertragen:
Auf unserer ganzen Existenz liegt
der Raureif der Vergeblichkeit.

Gott ist Anfang und Ende

Das macht dein Zorn, dass wir so vergehen,
und dein Grimm, dass wir so plötzlich dahinmüssen.
Denn unsre Missetaten stellst du vor dich,
unsre unerkannte Sünde ins Licht vor deinem Angesicht.
Die Bibel: Psalm 90, Vers 7+8

Der Geburtsschrei des Neugeborenen ist der Anfang vom Ende. Der Tod ist uns schon in die Wiege gelegt und kein rein biologischer Vorgang. Wer vor Gott steht, sieht tiefer. Gott ist Herr über Leben und Tod. Mose zeigt einen interessanten Zusammenhang: Gottes Zorn ist die Folge der Sünde. Die Folge der Sünde ist der Tod. Gott verkürzt die Lebenszeit des Volkes in der Wüste, weil sie sich gegen ihn aufgelehnt haben. Der Tanz um das goldene Kalb schaffte eine neue Situation. Die Generation, die aus Ägypten ausgezogen war, wird nicht in das Gelobte Land einziehen, sondern in der Wüste umkommen.

Gott ist Anfang und Ende: „Der du die Menschen lässest sterben" (Vers 3). Paulus führt diesen Gedanken im Neuen Testament weiter: „Der Stachel des Todes ist die Sünde." (1. Korinther 15, Vers 56) Krankheit, der Prozess des Alterns und Sterbens sind Folgen der Sünde.

Leben im Minus

Je älter ich werde, umso mehr erkenne ich, wie viel ich im Leben versäumt habe! Familie, Gemeinde, Beruf – da tauchen viele Situationen auf, in denen ich etwas schuldig geblieben bin. Wie oft war ich zu bequem, um andern zu helfen? Wie oft habe ich versäumt, ein Mut machendes Wort zu sagen? Wie oft habe ich mein Versprechen, für jemanden zu beten, einfach vergessen? Dieses Versagen und Scheitern ist unsere tägliche Erfahrung. So sehr wir uns auch mühen, am Ende stehen wir immer im Minus!

Aus meiner Zeit als Pastor bleibt mir eine Beerdigung unvergesslich. Nur wenige Nachbarn und Bekannte waren zur Beerdigung des alten Mannes gekommen. Am Grab erkennen die Frau und die Tochter, dass sie versäumt haben, ihrem Mann und Vater Liebe zu geben. Wie oft haben sie ihn lieblos kritisiert. Jetzt, am offenen Grab machen sie die bittere Erfahrung, es lässt sich nicht mehr korrigieren. Ihr liebloses Verhalten lässt sich nicht mehr gutmachen.

Die Tage zählen

Unsere Tage zählen, das lehre uns,
damit wir ein Herz voller Weisheit gewinnen.
Psalm 90, Vers 12 (wörtliche Übersetzung)

Die Tage zählen – eine nicht alltägliche Bitte, die Mose im Psalm 90 formuliert. Nun lernen Kinder bereits im Kindergarten das Zählen. Am Geburtstag zählen wir die Jahre, aber die Tage zählen, das würde doch zu weit führen!
C. H. Spurgeon (1834–1892) hat gesagt: „Wir zählen lieber die Sterne als unsere Tage." Über Alter und Sterben spricht man nicht. Dabei ist nichts so sicher wie unser Sterben. Die Tage und Jahre unseres Lebens wollen „weise" verbracht werden. Der lebt weise, der um die Begrenzung seines Leben weiß und doch bewusst in der Gegenwart lebt. Unser Leben in der Gegenwart braucht die Verankerung in der Ewigkeit. Unter der Perspektive der Ewigkeit verschieben sich Prioritäten: „Großes wird groß, Kleines wird klein" singen wir in einem Lied. Das eine wird belanglos, anderes bekommt neue Wichtigkeit.

*Die Gegenwart ist die einzige Zeit,
die uns wirklich gehört.*

Blaise Pscal (1623–1662)

Der Wert der Gegenwart

Warum gibt es heute so wenige Menschen, die zufrieden sind, denen man abspürt, dass sie etwas haben, was sie zufrieden macht? Liegt es daran, dass nur wenige es verstehen, bewusst in der Gegenwart zu leben?

Jetzt ist die Zeit, die Gott mir gibt. Warum begreifen wir das so schwer? Glauben heißt, bewusst mit Gott in der Gegenwart leben. Es kommt nicht auf eine erfolgreiche Vergangenheit an, sondern darauf, wie ich den Augenblick der Gegenwart gestalte.

Der größte Sinn der Zeit liegt darum darin, dass wir Gott begegnen. Wir sollen nicht erst alt und grau werden, bevor wir zu Gott finden. Er möchte uns jetzt begegnen. Es ist erstaunlich, wie oft wir im Neuen Testament das Wort „heute" finden. „Heute, wenn ihr Gottes Stimme hört, verschließt euer Herz nicht." (Hebräer 3, Vers 7+8) Gott spricht durch sein Wort, er spricht durch andere Menschen und durch Umstände zu uns. Wir sollen seine Einladung hören und uns in der Zeit unseres Lebens entscheiden für die Ewigkeit! Er ist nur ein Gebet weit entfernt.

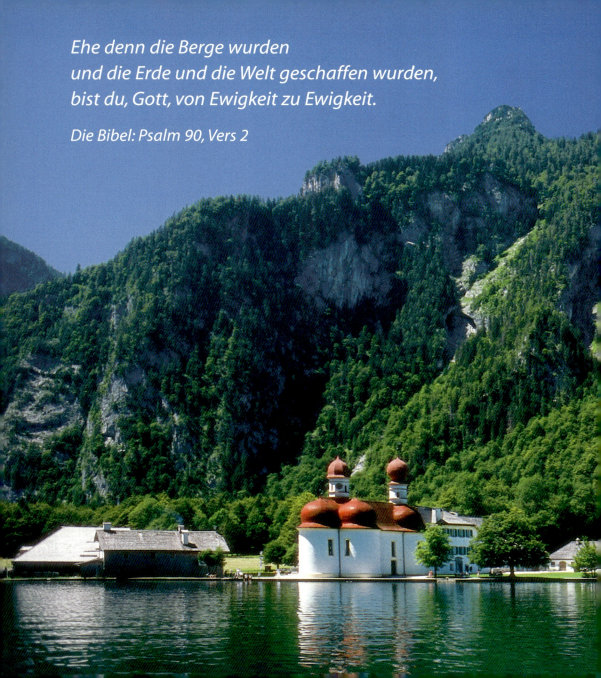

Der ewige Gott

Berge gehören zum Beständigsten, was wir in der Natur kennen. Und doch werden auch die riesigen Felsmassive der Alpen nicht ewig bestehen. Einer bleibt! In allen Veränderungen der Zeit hat er Bestand. Gott ist der Erste und der Letzte. Gott ändert sich nicht, wie sehr sich die Welt auch verändern mag. Seine Zusagen haben auch morgen Gültigkeit. Seine Liebe und Treue zu uns sind jeden Morgen neu.

„Von Ewigkeit zu Ewigkeit" – Ewigkeit steht hier nicht als eine Zeitspanne, sondern als Gegenüber der Zeit, als das Bleibende, der Zeit überlegene. Wie viel hat sich in den letzten tausend Jahren verändert? Unsere Vorfahren vor tausend Jahren lebten in einer völlig anderen Welt. Doch im Vergleich zur Ewigkeit sind unsere längsten Zeiträume nur winzige Staubkörner im Flug der Zeit.

Wir brauchen in den Ängsten und Sorgen unserer Tage einen Ort der Geborgenheit. Der ewig unveränderliche Gott ist der einzige Bergungsort für unser Leben. Psalm 90 möchte unser Leben in Gottes Ewigkeit verankern!

Lebendige Hoffnung

Für Christen ist der Tod weder ein großes Fragezeichen noch ein dicker Schlusspunkt. Das Sterben ist ein Doppelpunkt, es ist für Christen nur Durchgangstation. Der Tod führt durch einen dunklen Tunnel, doch am andern Ende strahlt das helle Licht der Ewigkeit. Dann werden alle Schreckensmeldungen dieser Welt ein Ende haben, und „Gott wird alle Tränen von unseren Augen abwischen. Sterben wird es nicht mehr geben. Leid, Schmerzen und Geschrei werden endgültig Vergangenheit sein." (nach Offenbarung 21, Vers 4)

Schmiedeeiserne Grabkreuze, wie sie auf Friedhöfen in österreichischen Bergdörfern häufig zu finden sind, sind ein Bild für die Hoffnung. Durch die eisernen Stäbe und Verzierungen schimmert das Licht des Himmels hindurch. Durch das Kreuz leuchtet das Licht ewiger Hoffnung.

*Unser Leben
gleicht einer Sternschnuppe,
die am Nachthimmel verglüht.*

Die Gegenwart bewältigen

Und der Herr, unser Gott, sei uns freundlich
und fördere das Werk unsrer Hände bei uns.
Ja, das Werk unsrer Hände wollest du fördern!
Die Bibel: Psalm 90, Vers 17

Der Psalm endet mit einer alltäglichen Bitte: „Fördere das Werk unsrer Hände." Der Psalm, der von Sterben, Hoffnung und Ewigkeit spricht, endet bei unserer alltäglichen Arbeit. Am Ende steht nicht die Resignation über die Vergänglichkeit des irdischen Lebens, sondern die Bitte um Gottes Segen für unser tägliches Tun.
Mose weiß, dass Menschen, die keine Hoffnung haben, an der Gegenwart verzweifeln, dass sie keine Kraft haben, das Notwendige anzupacken. Der Psalm ist ein Gebet, das uns an die Arbeit schickt, nüchtern und ohne Illusion, in dem Wissen, dass wir jeden Tag des Jahres auf seinen Segen angewiesen sind!

Eine Bleibe für die Ewigkeit

Nach unserem Umzug wurden wir Zeugen einer Tiertragödie. Wir hatten uns längst an den regen Betrieb um den Taubenschlag in unserer Nachbarschaft gewöhnt, als der Besitzer verstarb. Kurze Zeit später schafften die Erben die Tauben ab und beseitigten den Taubenschlag. Während dieser Zeit waren wohl noch einige Vögel auf Orientierungsflügen unterwegs. Als die Tauben nach wochenlanger „Reise" zu Hause ankamen, fanden sie den Platz, an dem ihr Stall gestanden hatte, leer. Herrenlos und heimatlos saßen sie tagelang auf dem Dach eines Nachbarhauses.

Eine noch viel größere Tragödie wäre es, wenn wir am Ende unserer „Lebensreise" erkennen müssten, dass wir uns in dieser Welt zwar komfortabel eingerichtet haben, aber kein Ziel, keine Bleibe für die Ewigkeit haben!

Letzte Worte

In dem Augenblick, in dem der Mensch dem Tod gegenübersteht, bekommt alles im Leben ein anderes Gewicht. Der Sinn oder Unsinn vergangener Jahre wird deutlich. Vom Lebensende her offenbart sich des Lebens Wirklichkeit.

Der französische Philosoph Voltaire (1694–1778), ein einflussreicher Denker der Aufklärung, der zeitlebens nur Spott für das Christentum übrig hatte, erlebte ein schreckliches Ende. Die Krankenschwester, die ihn pflegte, sagte: „Für alles Geld der Welt möchte ich keinen Menschen mehr so sterben sehen!"

Lenin (1870–1924), einer der Väter des Sozialismus, starb in geistiger Umnachtung. Seine gesellschaftlichen Theorien haben sich als leerer Betrug erwiesen und die Welt nicht besser gemacht. Der Philosoph Friedrich Wilhelm Nietzsche (1844–1900) starb wahnsinnig. Wolfgang von Goethe (1749–1832), der Dichterfürst, schrie im Sterben: „Mehr Licht!"

Worte, die die Welt bewegen

Ganz anders klingen Jesu letzte Worte am Kreuz: „Es ist vollbracht!" (Johannes 19, Vers 30) Diese drei Worte sind eine Siegesfanfare: Die Erlösung der Welt ist geschafft! Die Mission ist erfolgreich abgeschlossen.

Dieses „Vollbracht" hat die Freunde Jesu zunächst verunsichert. Sie waren nach dem Sterben Jesu am Kreuz verzweifelt. Sie haben nicht verstanden, was am Kreuz eigentlich geschehen ist. Doch nach drei Tagen begegnet ihnen der auferstandene Jesus. Da begriffen sie, dass das letzte Wort Jesu am Kreuz der Siegesruf ist, der die Welt verändern wird. Durch sein Sterben am Kreuz hat er das größte Problem der Menschheit, das Problem der Schuld, gelöst. Das Kreuz durchkreuzt das Minus meines Lebens und macht mein Minus zum Plus!

*Während unsere Erinnerungen verblassen,
leuchtet die Hoffnung auf Gottes Ewigkeit
umso heller.*

4 Tipps zum bewussten Umgang mit der Zeit

Nehmen wir unseren Geburtstag zum Anlass, den Umgang mit unserer Zeit zu überdenken.

1. Ich kann nicht für alles Zeit haben. Ich muss in meinem Leben Prioritäten setzen und entscheiden, was Vorrang hat. Kein Mensch kann allen Forderungen nachkommen.

2. Ich brauche Zeit zur Ruhe und Entspannung. Gott hat vorgesorgt. Wer sieben Tage in der Woche arbeitet, schafft nicht mehr, als wenn er sechs Tage arbeiten würde.

3. Ich brauche Zeit für meinen Nächsten. Planen ist gut, muss aber Raum für Spontanität lassen. Ein Mensch, der meine Hilfe braucht, ist wichtiger als alle Planung.

4. Ich brauche Zeit für das Wichtigste. Die Beziehung zu Gott übertrifft alles andere an Bedeutung. Beziehungen muss man pflegen. Auch die Beziehung mit Gott. Das Gespräch mit Gott im Gebet und das Lesen in der Bibel brauchen Zeit.

*Der Mensch lebt und bestehet nur eine kleine Zeit,
und alle Welt vergehet mit ihrer Herrlichkeit.
Es ist nur einer ewig und an allen Enden
und wir in seinen Händen.*

Matthias Claudius (1710–1815)

Friedrich Haubner, Fotograf und Autor, geb. 1954 in Hofen/Oberpfalz
1970–1973 Ausbildung als Grafischer Zeichner
1977–1981 Studium am Theologischen Seminar Tabor in Marburg
1981–1983 Pastor in Duisburg-Ruhrort
Seit 1983 Grafik-Designer und Produktionsleiter bei der Stiftung Marburger Medien
1986–1988 Studium am Institut für Grafik und Malerei der Universität Marburg

Die Stiftung Marburger Medien ist ein Service für missionarische Gemeinden. Die Fotokarten, Verteilschriften und Kreativprodukte der Stiftung erreichen jährlich Millionenauflagen:

www.marburger-medien.de

www.naturfoto-haubner.de

Bibliografische Information der Deutschen Nationalbibliothek
Die Deutsche Nationalbibliothek verzeichnet diese Publikation in der Deutschen National-bibliografie; detaillierte bibliografische Daten sind im Internet über http://dnb.d-nb.de abrufbar.

ISBN 978-3-501-01597-1

Bestell-Nr. 05665
© 2009 by Verlag der St.-Johannis-Druckerei, Lahr/Schwarzwald
© der Bibeltexte: Deutsche Bibelgesellschaft
Text, Fotos, Gestaltung: Friedrich Haubner
Lithos: marcellini.de
Gesamtherstellung: St.-Johannis-Druckerei, Lahr/Schwarzwald
Printed in Germany 17085/2008

www.johannis-verlag.de